COLLECTION DECOUVERTE CADET

Quand la vie est un collier
chaque jour est une perle
Quand la vie est une cage
chaque jour est une larme
Quand la vie est une forêt
chaque jour est un arbre
Quand la vie est un arbre
chaque jour est une branche
Quand la vie est une branche
chaque jour est une feuille

Jacques Prévert

ISBN-2-07-039514-6
Titre original: Das sehr nützliche Merk-Buch für Geburtstage

Premier dépôt légal: 1er trimestre 1980
Dépôt légal: Decembre 1983
Numéro d'édition: 32969
Imprimé par la Éditoriale Libraria en Italie

LE LIVRE DE TOUS LES JOURS

des vacances
des anniversaires et des fêtes
Mon premier agenda
imaginé par Élisabeth Borchers
avec des poèmes choisis
par Jacques Charpentreau

GALLIMARD

Janvier
un premier
baiser
Janvier
tous les mois
sont beaux

Paul Eluard

JANVIER

Illustré par
Hannelore
Stirnemann
et Hans
Walther

BONNE ANNÉE

Voici la nouvelle année
Souriante, enrubannée,
Qui pour notre destinée
Par le ciel nous est donnée.
C'est à minuit qu'elle est née.

Les ans naissent à minuit :
L'un arrive, l'autre fuit.

Nouvel an ! Joie et bonheur !
Pourquoi ne suis-je sonneur
De cloches, carillonneur,
Pour mieux dire à tout le monde,
A ceux qui voguent sur l'onde
Ou qui rient dans leurs maisons,
Tous les vœux que nous faisons
Pour eux, pour toute la terre,
Pour mes amis les enfants,
Pour les chasseurs de panthères
Et les dompteurs d'éléphants.

Tristan Derême

01

02

03

04

05

06

Ecoute l'avenir :
l'oiseau d'or va venir
dans son poil gris d'hiver
seule la tête dehors.
Gisèle Prassinos

07

08

09

10

11

12

13

14

A l'année nouvelle le printemps est là ;
Le printemps est là,
mais on ne le voit guère.
A l'année nouvelle le printemps est là ;
Le printemps est là,
mais on ne le voit pas.
Il était parti, il nous reviendra
Dans quelques semaines
ou dans quelques mois…

Luc Decaunes

Le sourire

Oui, les maisons lui souriaient,
Les arbres aussi, et les pierres
Lui souriaient à leur manière
Dès que le matin se levait.

Et il leur souriait aussi,
Leur souriait à sa manière
Comme seul arrive à le faire
Le plus merveilleux des amis.

Maurice Carême

15

16

17

18

19

20

21

Nuit d'hiver

Dans le grand silence
Du ciel hivernal,
La lune balance
Un morne fanal.
Jean-Luc Moreau

22

23

Je rentrai un soir dans la maison aux 365 chambres on pouvait y dormir chaque nuit de l'année dans une chambre différente. Il y avait encore des chambres secrètes à découvrir à la faveur d'une cheminée basculante on trouvait alors une pièce restée intacte depuis deux siècles et dans la tirette d'une armoire des pièces d'or laissées là par un aventureux millionnaire...

Julos Beaucarne

24

25

26

27

28

29

30

Le printemps à plumets
et l'hiver à moustaches
l'automne à falbalas
et l'été à foison.
Jean Tardieu

31

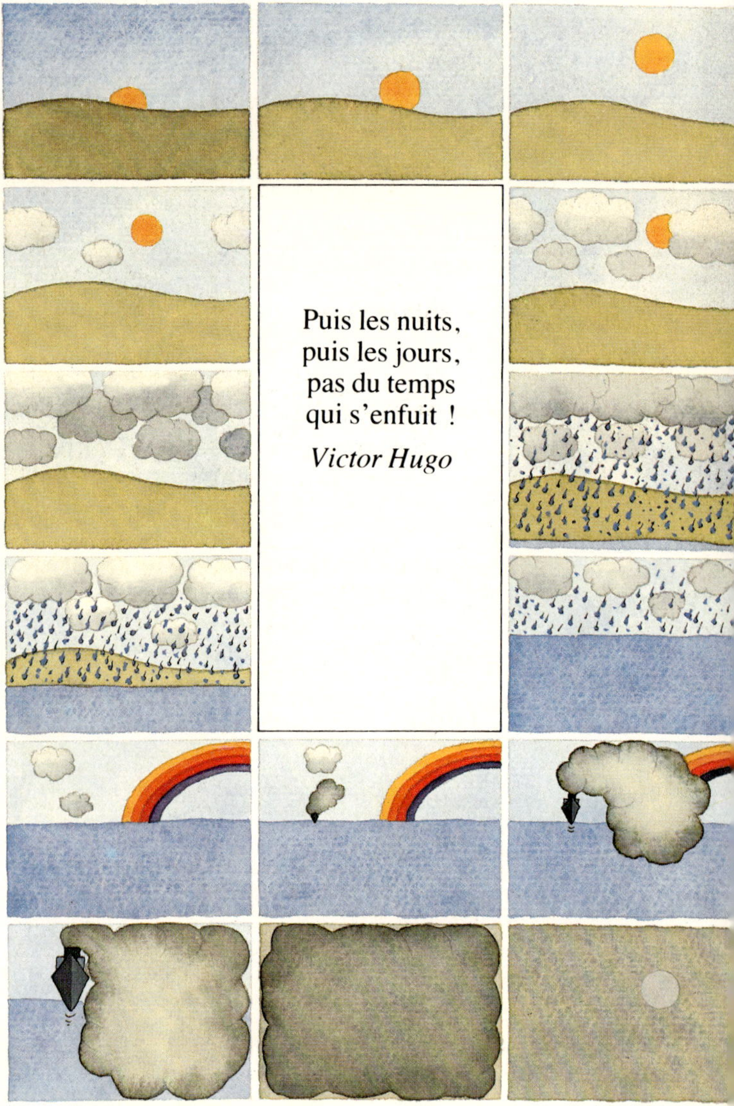

Puis les nuits,
puis les jours,
pas du temps
qui s'enfuit !

Victor Hugo

FÉVRIER

Illustré par
Wilhelm
Schlote

BONJOUR

Matin matin
petit matin perdu dans le grand matin
Bonjour petit matin du jour

Bonjour de plume et de poil
et poutre et paille
Bonjour de sac et de corde
et d'amour et d'eau fraîche

Bonjour du pain et du vin
Bonjour de l'herbe et du vent
et nuit et jour
et le diable et son train

Bonjour les baguettes du soleil
battent sur le tambour des routes
de fer et de feu
de paille et de poutre
et d'amour et d'eau fraîche

Jean-François Chabrun

01

02

03

04

05

La poule noire de la nuit
vient encor de pondre une aurore.
Salut le blanc, salut le jaune,
Salut, germe qu'on ne voit pas.
René Daumal

06

07

08

Sculpteur de la grandeur fragile
Le vent pétrit comme une argile
Les vastes nuages des cieux.
Victor Hugo

09

10

11

Le premier jour, Dieu n'a pas fermé l'œil de la nuit et de cette insomnie la lune encore en rit.

Confiant en sa bonne étoile, un berger, en attendant le grand sommeil compte les moutons de la mer.

Le mouvement merpétuel dit mouvement des marées aide aussi bien le nageur à gagner la rive qu'à se noyer.

Jacques Prévert

12

13

14

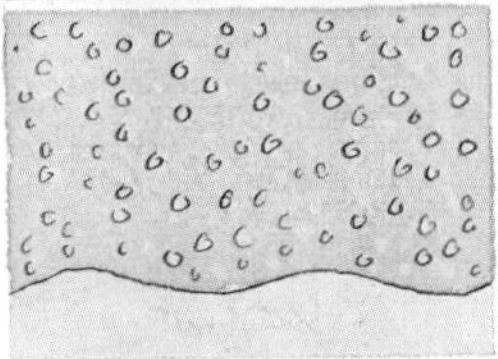

C'est la neige,
l'hiver blanc
sur ses semelles de neige
qui nous a surpris, dormant.
Guy-Charles Cros

15

16

17

Autour de la lune
Trois étoiles tournent,
Trois abeilles d'or
Autour d'une prune.
Tristan Klingsor

18

19

20

Pour faire un très bel arc-en-ciel
il faut un arc à songerie
et plusieurs flèches au pluriel.
Claude Roy

21

22

Le soir tombait. Il tombait bien d'ailleurs, et juste à pic, pour remplacer le jour, qui, visiblement, ne passerait pas la nuit.

Pierre Dac

23

24

25

La vie en rose

La Graine
Sereine

Suppose
que la Rose
est enclose
dans sa gaine.
Andrée Chedid

26

27

Ne dis pas que c'est la nuit.
Silence
la lune parlera.
Gisèle Prassinos

Nuit Il fait noir.
Acceptons la nuit.
Nuit :
Terre à étoiles.
Madeleine Riffaud

28

29

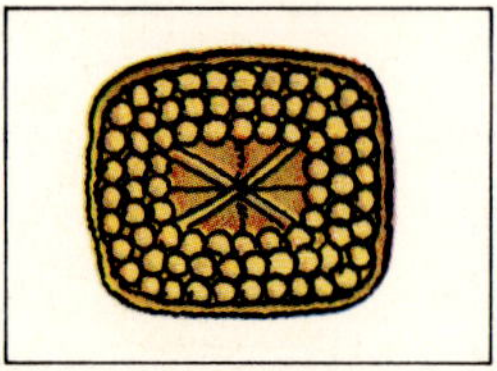

Averse
en Mars
nous joue
ses farces
Bernard
Lorraine

MARS

Avec des illustrations anciennes

Je te donne pour ta fête
Un chapeau couleur noisette
Un petit sac en satin
Pour le tenir à la main
Un parasol en soie blanche
Avec des glands sur le manche
Un habit doré sur tranche
Des souliers couleur orange :
Ne les mets que le dimanche
Un collier, des bijoux
Tiou !

Max Jacob

01

02

03

04

05

06

07

08

09

Quelque chose qui toujours marche
Et qu'on ne voit jamais passer.
Qu'est-ce que c'est ?

Le temps.

10

11

A Maman pour le jour de sa fête
Mon cœur me dit que c'est ta fête
(Je crois toujours mon cœur
quand il parle de toi) :
Maman que faut-il donc
que ce cœur te souhaite ?
Des trésors ? Des honneurs ?
Des trônes ? — Non, ma foi !
Mais un bonheur égal
au mien quand je te vois.
Victor Hugo

12

13

14

Impossible de vous dire mon âge, il change tout le temps.

Alphonse Allais

Enfermez toujours un chat dans le cabinet où vous gardez votre porcelaine, de peur que les souris ne se glissent dedans et ne la cassent.

Jonathan Swift

15

16

17

18

19

20

Le bleu
Pâlit
De bonheur
C'était
Le printemps *Malcolm de Chazal*

21

22

23

24

25

26

27

Berceuse

Mon amour dort. Dans la nuit
une mandore s'ennuie
et j'entends, j'entends mon cœur,
Mille grillons l'accompagnent,
Un carillon de campagne,
Des grelots sous chaque fleur.

Pierre Seghers

Le voyage malaisé

Le coucou ne dit pas l'heure
le corbeau ne dit pas l'année
l'horloger est un recéleur
Le temps volé il le revend ailleurs
Mais ne dit pas où c'est.

Jacques Prévert

28

29

30

31

Au seuil d'Avril
tournant la tête,
Il dit :
«Printemps,
tu peux
venir !»

Théophile
Gautier

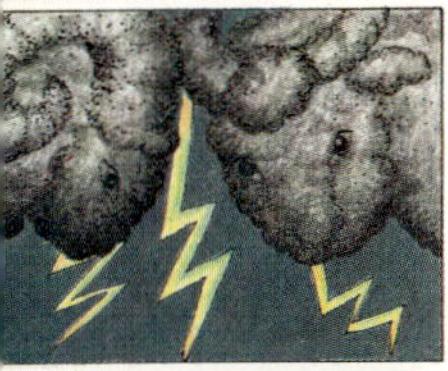

AVRIL

Illustré par
Monika
Beisner

POISSON D'AVRIL

Il était un petit poisson
Qui naquit le premier avril

Jamais personne, paraît-il,
Ne le regarda sans sourire.

Il avait beau dire et redire
Qu'il était vraiment un poisson,

Jamais personne, paraît-il,
Ne crut un mot de ses discours.

Et le petit poisson, un jour,
Regarda le ciel bleu d'avril

Et se mit à rêver tout haut
Qu'il était un petit oiseau.

Jean-Louis Vanham

01

02

03

04

05

06

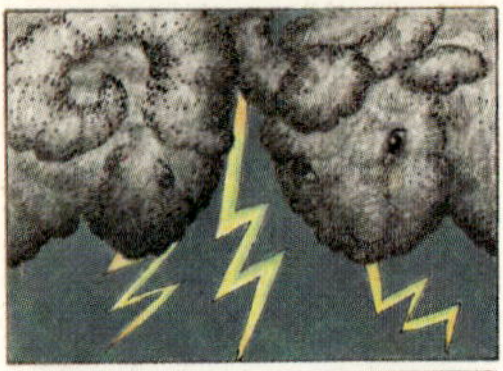

Le bélier

A sauter parmi les étoiles,
On oublie que l'on est Bélier
Fait pour tourner dans leur dédale
Pendant toute une longue année.
Mais qui, au Bélier, n'est pareil
Sous la houlette du soleil ?

Maurice Carême

07

08

09

10

11

12

Quels sont les navires qui ont peur de l'eau, qui gagnent les victoires sans armes de guerre, qui voyagent sans rames ni voiles avec un seul homme pour équipage et qui font cependant plus de cent lieues à l'heure?

Les ballons.

13

14

Il est revenu le grand printemps.

Le sud s'est ouvert comme une bouche. Ça a soufflé une longue haleine, humide et tiède, et les fleurs ont tressailli dans les graines, et la terre toute ronde s'est mise à mûrir comme un fruit.

L'escadre des nuages a largué les amarres. Ça a fait un grand et long charroi de nues qui montaient vers le nord. Ça a duré ; à mesure, on sentait la terre qui se gonflait de toutes ces pluies et de la vie réveillée de l'herbe. Enfin, une belle fois, on a vu bouillonner le ciel libre sous la poupe du dernier nuage.

Jean Giono

Le travail mène à la richesse.
Pauvres poètes, travaillons !
La chenille en peinant sans cesse
Devient le riche papillon.

Guillaume Apollinaire

15

16

17

18

19

20

La cloche de bronze
Qui dit : « Huit et onze »
La cloche de bois
Qui dit : « Quatre et trois ».
Maurice Fombeure

21

22

23

24

Alice avait, non sans quelque curiosité, regardé par-dessus son épaule : « Quelle drôle de montre ! remarqua-t-elle. Elle indique le jour du mois et elle ne dit pas quelle heure il est !

— Pourquoi le dirait-elle ? grommela le Chapelier. Est-ce que votre montre, à vous, vous dit en quelle année nous sommes ? »

Lewis Carroll. Trad. d'H. Parisot.

25

26

Usé par le travail et fatigué par l'âge,
Tu n'iras pas, vieux bœuf, finir à
l'abattoir,
Et je t'assurerai jusqu'à ton dernier soir
Ton repos bien gagné dans ton bon
pâturage.

27

28

29

30

Le soleil luit pour tout le monde.

MAI

Illustré par
Walter
Schmögner

Le temps a laissé son manteau
De vent, de froidure et de pluie,
Et s'est vêtu de broderie,
De soleil luisant, clair et beau.

Il n'y a bête ni oiseau
Qu'en son jargon ne chante ou crie :
Le temps a laissé son manteau
De vent, de froidure et de pluie.

Rivière, fontaine et ruisseau
Portent, en livrée jolie,
Gouttes d'argent d'orfèvrerie ;
Chacun s'habille de nouveau :
Le temps a laissé son manteau.

Charles d'Orléans

01

02

03

04

05

06

C’est ainsi, chaque jour,
que tourne d’heure en heure
L’ombre que font au sol
les arbres du verger.
Vincent Muselli

07

08

09

10

11

12

13

— Un rêve sans étoiles est un rêve oublié.
— Le soleil ne luit pour personne.
— Sommeil qui chante fait trembler les ombres.
— La feuille précède le vent.
— Mon prochain, c'est hier ou demain.
— Quand un œuf casse des œufs, c'est qu'il n'aime pas les omelettes.

Paul Éluard et Benjamin Péret

14

15

16

L'herbe dites-vous
Ne fait aucun bruit pour pousser
L'enfant pour grandir
Le temps pour passer
Vous n'avez vraiment pas l'oreille fine.

Pierre Albert-Birot

17

18

19

20

21

22

23

Libellule
Elle
vole
de ses propres
L

Jacques Canut

24

25

26

27

28

Les luthiers du paradis
taillent des violes et des roseaux
Toute la semaine jusqu'au samedi
Pour les anges et leurs oiseaux.
Tristan Klingsor

29

Au petit bonheur

Rien qu'un petit bonheur, Suzette,
Un petit bonheur qui se tait.
Le bleu du ciel est de la fête ;
Rien qu'un petit bonheur secret.

Il monte ! C'est une alouette
Et puis voilà qu'il disparaît ;
Le bleu du ciel est de la fête.
Il chante, il monte, il disparaît.

Mais si tu l'écoutes, Suzette,
Si dans tes paumes tu le prends
Comme un oiseau tombé des crêtes,
Petit bonheur deviendra grand.

Norge

30

31

JUIN
Illustré
par
Erna
de Vries

D'UN VANNEUR DE BLÉ AUX VENTS

A vous troupe légère
Qui d'aile passagère
Par le monde volez,
Et d'un sifflant murmure
L'ombrageuse verdure
Doucement ébranlez,

J'offre ces violettes,
Ces lis et ces fleurettes,
Et ces roses ici,
Ces vermeillettes roses,
Tout fraîchement écloses,
Et ces œillets aussi.

De votre douce haleine
Eventez cette plaine,
Eventez ce séjour.
Cependant que j'ahanne
A mon blé que je vanne
A la chaleur du jour.

Joachim du Bellay

01

02

03

04

05

06

07

08

09

Voici la fleur que j'ai prise à
La main fidèle d'Elisa.
Stéphane Mallarmé

10

11

12

L'amour de moi s'y est enclose
Dedans un joli jardinet
Où croît la rose et le muguet
Et aussi fait la passerose.
Chanson du XVIe siècle

13

14

15

16

Ni vu ni connu,
Je suis le parfum
Vivant et défunt
Dans le vent venu !

Paul Valéry

17

18

19

20

21

22

Bouquet

Trois pensées trois coquelicots
trois soucis
Trois soucis trois roses trois œillets
Les trois roses pour mon amie
Les trois œillets pour mon ami
Les trois coquelicots
pour la petite fille si triste
Les trois pensées pour mon ami
Les trois soucis pour moi.

Robert Desnos

23

24

25

26

Le nid que l'oiseau bâtit
    Si petit
Est une chose profonde ;
L'œuf ôté de la forêt
    Manquerait
A l'équilibre du monde.

Victor Hugo

27

Pour un anniversaire

Tu choisis ton temps pour renaître !
Tout, de la fleur ivre et debout
Jusqu'au rayon de la fenêtre,
Sourit, et tu fais comme tout.

Stéphane Mallarmé

28

29

30

Ecoute l'arbre et la feuille.
La nature est une voix
Qui parle à qui se recueille
Et qui chante dans les bois.

Victor Hugo

Une aile qui frôle
Une heure qui passe
Une fleur s'éteint
L'autre s'allume

Un brin de musique
Un brin de silence
Une aile qui frôle
Une aile qui passe

Max-Pol Fouchet

JUILLET

Illustré par
Olivier
Villatte

LE PAPILLON

Trois cents millions de papillons
Sont arrivés à Châtillon
Afin d'y boire du bouillon.
Châtillon-sur-Loire,
Châtillon-sur-Marne,
Châtillon-sur-Seine.

Plaignez les gens de Châtillon !
Ils n'ont plus d'yeux dans leur bouillon
Mais des millions de papillons.
Châtillon-sur-Seine,
Châtillon-sur-Marne,
Châtillon-sur-Loire.

Robert Desnos

01

02

03

04

05

Au centre exact de la clairière
une fois par million d'années
la lumière toute se condense
dans l'étincelle d'un papillon
Jean Mambrino

06

07

08

Et Lao-Tseu se demandait
Si c'était bien lui qui rêvait
Etre un papillon, chaque nuit ;
Ou s'il était un papillon
Qui rêvait être un sage. Et son
Esprit allait de l'un à lui.

Jacques Charpentreau

09

10

Ce papillon est-ce une rose ?
ou bien la rose un papillon ?
nul ne voit la métamorphose
dont nous nous émerveillons.
Daniel Lander

11

12

13

14

J'admire les papillons frêles
Dans les ronces du vieux castel ;
Je ne touche point à leurs ailes.
Un papillon est un pastel.
Victor Hugo

15

16

17

18

19

20

Le papillon

Ce billet doux plié en deux
cherche une adresse de fleur.
Jules Renard

21

22

23

24

Le papillon, fleur sans tige,
Qui voltige,
Que l'on cueille en un réseau ;
Dans la nature infinie,
Harmonie
Entre la plante et l'oiseau !...
Comme un éventail de soie,
Il déploie
Son manteau semé d'argent ;
Et sa robe bigarrée
Est dorée
D'un or verdâtre et changeant.

Gérard de Nerval

25

26

27

28

29

30

31

Pour ma mère

Il y a plus de fleurs
Pour ma mère, en mon cœur,
Que dans tous les vergers,
Plus de merles rieurs
Pour ma mère en mon cœur,
Que dans le monde entier,
Et bien plus de baisers
Pour ma mère en mon cœur,
Qu'on en pourrait donner.

Maurice Carême

Et nous vîmes,
debout,
le soleil
des voyages,
fini, bâti,
dans un seul
bloc bleu.

Jean Cocteau

AOÛT

Illustré par
Guillermo
Mordillo

LA CHANSON DE LA SEMAINE

Le lundi, je t'apporterai
Un grain de blé,
Deux pains levés,
Trois épis d'or,
Mon cœur encore.

Le mardi, je t'apporterai
Une comptine,
Deux cavatines,
Trois cantilènes,
Mon cœur en peine.

Mercredi, je t'apporterai
Une hirondelle,
Deux tourterelles,
Trois loriots gris,
Mon cœur aussi.

Le jeudi, je t'apporterai
Une comète,
Deux pâquerettes,
Trois fleurs des bois,
Mon cœur qui bat.

Vendredi, je t'apporterai
Un brin de mousse,
Deux pommes douces,
Trois chrysanthèmes,
Mon cœur qui t'aime.

Samedi, je t'apporterai
Une rivière,
Deux ponts de pierre,
Trois mots d'amour,
Mon cœur toujours.

Et le dimanche
La rose blanche.

Jacques Charpentreau

01

02

03

04

05

06

Au loin le monde est tout petit
Quand je m'approche il grandit
Je lui ai toujours fait
Cet effet
Même quand j'étais tout petit.

Pierre Albert-Birot

07

08

09

10

11

12

13

La terre est bleue comme une orange
Jamais une erreur
les mots ne mentent pas
Paul Eluard

14

15

16

Le fruit

Passez la beauté
dansez les images
dehors c'est la nuit
dedans c'est la vie
demain c'est un fruit
arrondi et pur
qui mûrit sans bruit.

Pierre Boujut

17

18

19

20

21

Les cerises
en ont assez
de regarder par terre

alors
elles ont regardé
en l'air

et
elles sont devenues
des ballons rouges
Andrée Clair

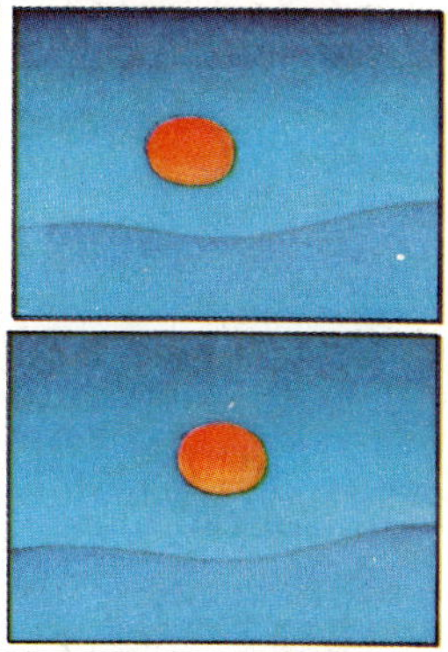

22

23

24

25

26

27

L'océan est d'un bleu noir le ciel bleu est pâle à côté/ La mer se renfle tout autour de l'horizon/ On dirait que l'Atlantique va déborder vers le ciel…

Blaise Cendrars

28

29

Les manières du soleil

Le soleil luit pour tout le monde
mais un peu plus ou un peu moins.
Il en est que son chaud inonde
D'autres ne le voient que de loin.

Il luit plus pour le cormoran
que pour la taupe ou le cafard.
Il luit bien plus à Perpignan
qu'à Lille ou à Hénin-Liétard.

Le soleil luit pour tout le monde
mais plutôt plus ou plutôt moins.

Claude Roy

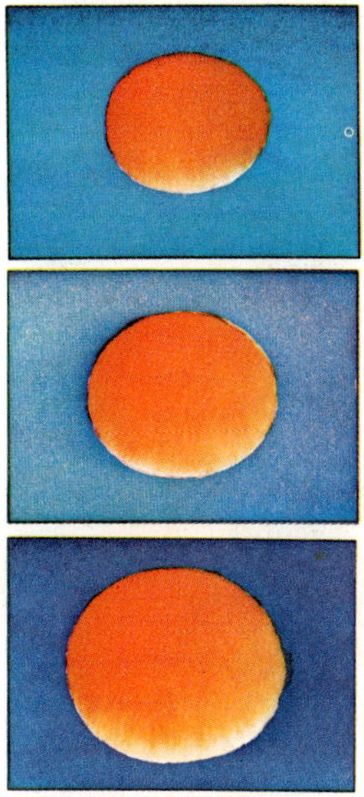

30

31

Chat chat chatte
Noir et blanc
Jour couchant
Prends ma patte
Dans ta main
Trop humain
Trop humain
Trop félin
Trop félin
Ton nez rose
Me repose
Des maisons
Des raisons
Mes prisons

Pierre Albert-Birot

SEPTEMBRE

Illustré par
Almut
Gernhardt

COMMENT APPELER SON CHAT

C'est un art délicat, que d'appeler son chat :
Le baptiser n'est pas un simple passe-temps.
Je ne travaille pas du chapeau, croyez-moi,
Mais sachez-le, un chat a trois noms différents.
Un chat a, tout d'abord, son nom de tous les jours,
Comme Pierre ou Jean-Paul, Aglaë, Pompadour,
Comme Sylvain ou Luc, Chat-fourré, Cyprien,
Noms raisonnables pour le train-train quotidien.
Fantaisistes, charmants, d'autres noms sont plus doux,
Les uns sont pour les chats, les autres pour les chattes,
Comme Platon, Electre, Elzévir ou Carpates,
Tous sont des noms sérieux, pour chats bien de chez nous.
Mais un chat a besoin, il faut que ça se sache,
D'un vrai nom personnel, un nom plus majestueux.
Sans ce nom, il ne peut pas redresser sa queue,
Affirmer sa fierté, hérisser ses moustaches.
Des noms de cette sorte, en veux-tu, en voilà,
Comme Méta-Mhétyl, Ouitchi, Kalikola,
Comme Psychologie, Presbytère-Pacha...
Si propres sont ces noms qu'ils sont à un seul chat.
Mais par-dessus tout ça, il reste encore un nom,
C'est le nom que jamais nul ne peut deviner,
C'est le nom dont jamais nul ne saura le nom,
LE CHAT QUI LE CONNAÎT ne veut le révéler.
Quand vous voyez un chat, silencieux, méditer,
La cause, sachez-le, est sa quête insondable :
Il a l'esprit perdu dans la contemplation
De la pensée de la pensée de la pensée
    De son nom,
Son nom ineffable affablement ineffable,
Son nom singulier, indicible, profond.

Thomas Stearns Eliot. Adaptation de J. Charpentreau.

01

02

03

04

05

06

07

08

09

10

11

Mon Mistigri, mon infidèle,
Tu dois venir quand je t'appelle,
Au lieu de courir la souris
Tout le jour et encor la nuit.
Je n'aime pas cette manière
De te sauver dans les jardins
Qaund je t'ai préparé du pain,
Et de la sauce et du gruyère…
Tu en connais, toi, des maîtresses
Aussi patientes que je suis,
Et qui vous font mille caresses
Après qu'on s'est si mal conduit ?

Jean Desmeuzes

12

13

14

L'excès des petits noms d'amitié

« Mon petit chat, mon gros minet
Mon doux matou, mon chatounet »
disait la mère à son bébé
dans l'excès des diminutifs.

Il ne faut pas trop s'étonner :
enfant d'un amour excessif
le petit se mit à miauler
et la maman à ronronner.

Claude Roy

15

16

17

18

19

20

Le chat reptile aux yeux d'amant
Hume le long des allées
Des odeurs de terre et de pluie
De sang, d'herbes vertes mêlées
Et, quand il les ouvre tout grands
On y lit parfois qu'il s'ennuie.

Catherine Paysan

21

22

23

C'est l'esprit familier du lieu ;
Il juge, il préside, il inspire
Toutes choses dans son empire ;
Peut-être est-il fée, est-il dieu.
Charles Baudelaire

24

25

26

27

28

29

30

Le chat et le soleil

Le chat ouvrit les yeux,
Le soleil y entra.
Le chat ferma les yeux,
Le soleil y resta.

Voilà pourquoi le soir,
Quand le chat se réveille,
J'aperçois dans le noir
Deux morceaux de soleil.

Maurice Carême

Les feuilles
Qu'on foule
Un train
Qui roule
La vie
S'écoule

Guillaume
Apollinaire

OCTOBRE

Illustré par
Arturo
Heras

LA FOURMI ET LE PERDREAU

Une fourmi tombe dans une ornière où il a plu et elle va se noyer, quand un perdreau, qui buvait, la pince du bec et la sauve.

— Je vous le revaudrai, dit la fourmi.

— Nous ne sommes plus, répond le perdreau sceptique, au temps de La Fontaine. Non que je doute de votre gratitude, mais comment piqueriez-vous au talon le chasseur prêt à me tuer ! Les chasseurs aujourd'hui ne marchent point pieds nus.

La fourmi ne perd pas sa peine à discuter et elle se hâte de rejoindre ses sœurs qui suivent toutes le même chemin, semblables à des perles qu'on enfile.

Or le chasseur n'est pas loin.

Il se reposait, sur le flanc, à l'ombre d'un arbre. Il aperçoit le perdreau piétant et picorant à travers le chaume. Il se dresse et veut le tuer, mais il a des fourmis dans le bras droit. Il ne peut lever son arme. Le bras retombe inerte et le perdreau n'attend pas qu'il se dégourdisse.

Jules Renard

Octobre

01

02

03

04

05

06

Dieu sait ce qu'on peut faire en partant de zéro !
Une simple rature, un petit trait de trop :
Mon zéro se transforme, il devient une prune,
Et si je recommence, il brûle, il m'importune,
Il devient un soleil… J'ajoute des couleurs,
Je lui dessine un vase et j'en fais une fleur…
Une fleur éphémère… Un vase trop fragile…
Je change vase et fleur en un bonhomme agile :
Je dessine des bras, je dessine des pieds…
Alors Adam se lève et quitte mon papier.

Jean-Luc Moreau

07

08

09

10

11

Le milliardaire

John apportait un plateau
sur lequel était un bateau.

Monsieur assis sur son lit
passa son habit et dit :

« Posez ça là quelque part
je termine mon cigare. »

Une heure après John revint :
la fenêtre était ouverte
dans le lit il n'y avait rien
rien non plus sous la Plante Verte
et rien du tout sur le plateau.

— Monsieur est parti en bateau.

Jean Tardieu

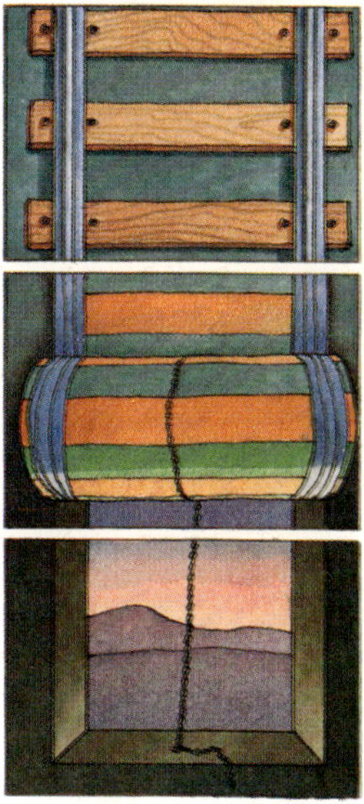

12

13

14

15

16

L'eau dit à la vague :
« Tu me bois.
— Comment le pourrais-je ?
Reprit la vague,
Je suis ta bouche. »

Malcolm De Chazal

17

18

Par deux fois le roi Dagobert
A mis sa culotte à l'envers…
A la seconde le bon roi
Avait sa culotte à l'endroit.
Jean-Luc Moreau

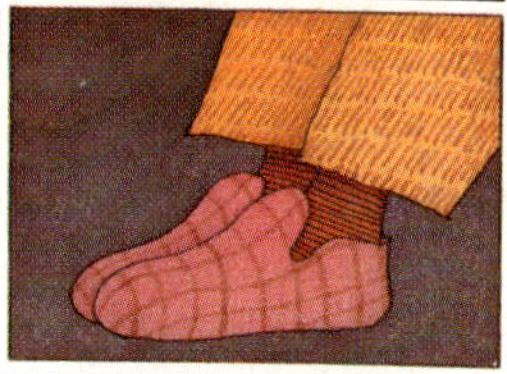

19

20

21

22

23

24

25

26

27

28

29

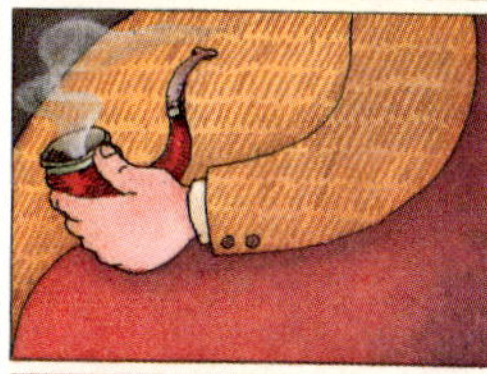

Compliment pour la fête de grand-père

Pour la fête de grand-père
L'oiseau de l'aube a flûté
Dans le pré de primevères.

J'ai cueilli ce gros bouquet
De sourires et d'œillets
Dans un manteau de fougères.

Cherche ! Une invisible fleur
S'est cachée à l'intérieur ;
C'est peut-être bien mon cœur.

Claire Goll

30

31

brume
brouillard
brouillardise
j'en ai fait
ma
gourmandise

Yves
Pinguilly

NOVEMBRE

Gravures
anciennes
coloriées
par
Erna
de Vries

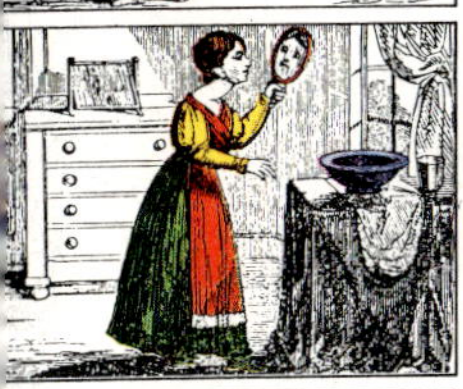

CHANSON POUR CHANTER
A TUE-TETE ET A CLOCHE-PIED

Un immense brin d'herbe
Une toute petite forêt
Un ciel tout à fait vert
Et des nuages en osier
Une église dans une malle
La malle dans un grenier
Le grenier dans une cave
Sur la tour d'un château
Le château à cheval
A cheval sur un jet d'eau
Le jet d'eau dans un sac
A côté d'une rose
La rose d'un fraisier
Planté dans une armoire
Ouverte sur un champ de blé
Un champ de blé couché
Dans les plis d'un miroir
Sous les ailes d'un tonneau
Le tonneau dans un verre
Dans un verre à Bordeaux
Bordeaux sur une falaise
Où rêve un vieux corbeau
Dans le tiroir d'une chaise
D'une chaise en papier
En beau papier de pierre
Soigneusement taillé
Par un tailleur de verre
Dans un petit gravier
Tout au fond d'une mare
Sous les plumes d'un mouton
Nageant dans un lavoir
A la lueur d'un lampion
Eclairant une mine
Une mine de crayons
Derrière une colline
Gardée par un dindon
Un gros dindon assis
Sur la tête d'un jambon
Un jambon de faïence
Et puis de porcelaine
Qui fait le tour de France
A pied sur une baleine
Au milieu de la lune
Dans un quartier perdu
Perdu dans une carafe
Une carafe d'eau rougie
D'eau rougie à la flamme
A la flamme d'une bougie
Sous la queue d'une horloge
Tendue de velours rouge
Dans la cour d'une école
Au milieu d'un désert
Où de grandes girafes
Et des enfants trouvés
Chantent chantent sans cesse
A tue-tête à cloche-pied
Histoire de s'amuser
Les mots sans queue ni tête
Qui dansent dans leur tête
Sans jamais s'arrêter
Et on recommence
Un immense brin d'herbe
Une toute petite forêt
. . . .
etc., etc., etc.

Jacques Prévert

01

02

03

04

05

06

Façons de parler

Avoir un bœuf sur la langue.
Mettre la charrue avant les bœufs.
Rien de tel que le plancher des vaches.
Qui vole un œuf, vole un bœuf.

Prendre la poudre d'escampette.
Faire feu des quatre pieds.
Prendre ses jambes à son cou.
Ne pas y aller par quatre chemins.

07

08

09

10

11

12

Parle sans bouche
Court sans jambes
Frappe sans mains
Passe sans paraître
Qui est-ce ?

Le vent.

13

14

15

16

17

Charade

Mon second est toujours produit par mon premier

Qui fait le prix de mon entier.

Victor Hugo (uos-uɒɥƆ)

18

19

«Je vous prendrai, certes, à mon service avec le plus grand plaisir, déclara la Reine. Quatre sous par semaine, et confiture tous les autres jours (...). La règle en ceci est formelle : confiture demain et confiture hier - mais jamais confiture aujourd'hui.

— On doit bien quelquefois arriver à confiture aujourd'hui, objecta Alice.

— Non, ça n'est pas possible, dit la Reine. C'est confiture tous les autres jours. Aujourd'hui, cela n'est pas l'un des autres jours, voyez-vous bien.»

Lewis Carroll. Trad. d'H. Parisot.

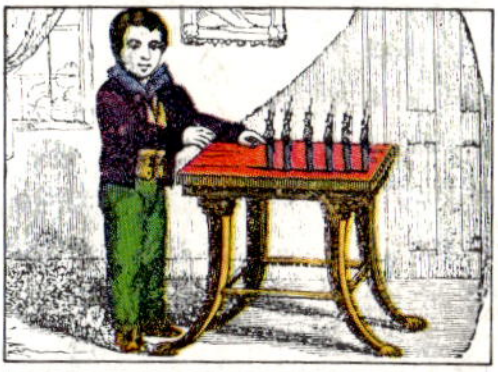

20

21

22

23

Une plume est tombée
par terre.
Va la ramasser.
— Pourquoi faire ?
il va pousser un plumier.

Lise Deharme

24

25

26

Ouvrez, ouvrez la cage aux oiseaux !
Regardez-les s'envoler, c'est beau.
Les enfants, si vous voyez
Des petits oiseaux prisonniers,
Ouvrez-leur la porte vers la liberté !

Pierre Perret

27

28

Mais si j'écris papa,
Tout me devient caresse,
Et le monde me berce
En chantant dans ses bras.
Maurice Carême

29

30

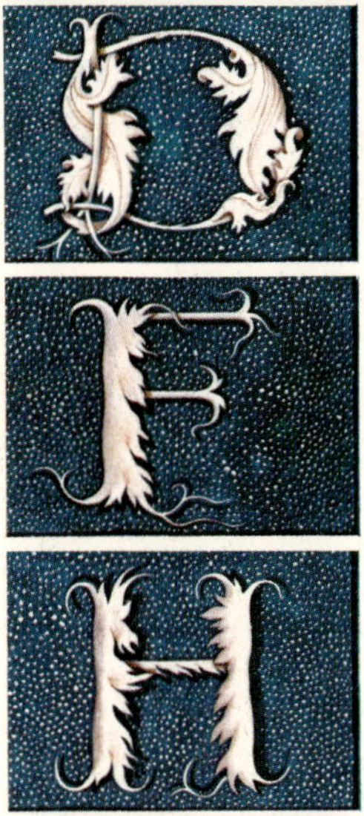

Levez, les gens,
la barre en fer,
Ouvrez, les gens,
je suis la neige ;
Mon manteau blanc
se désagrège
Sur les routes
du vieil hiver.
Emile Verhaeren

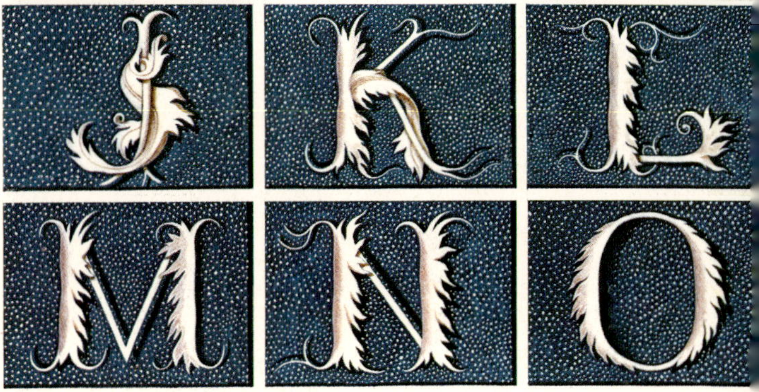

DÉCEMBRE

Illustré par
Anita
Albus

Ma petite enfant c'est demain la veille
de chaque matin où tu te réveilles
en levant les bras de la terre au ciel.

Ma petite enfant c'est demain la veille
d'ouvrir grand les yeux en tendant l'oreille
sur le monde plein de rêves réels.

Ma petite enfant c'est demain la veille
du jeu d'aujourd'hui : les fleurs et l'abeille,
où même des pleurs tu feras ton miel.

Ma petite enfant c'est demain la veille
de la belle au bois dormant qu'ensoleille
un baiser neuf et doux comme un noël.

Ma petite enfant c'est demain la veille
que les oiseaux du bonheur appareillent
en quête de l'espace essentiel.

Ma petite enfant c'est demain la veille
de tous les jours sans aucun d'éternel
pour faire, à vivre chacun d'eux merveille.

Luc Estang

DEZ

01

02

03

04

05

06

Il chante d'une voix peu sûre
Des airs vieillots et chevrotants ;
Son pied glacé bat la mesure
Et la semelle en même temps.

Théophile Gautier

07

08

09

10

11

12

Devine un peu la devinette

Cent mille chats gris
couleur de souris.
Ils ont le bout des pattes blanc :
pattes de velours posées doucement
cent mille chats gris
dans le ciel tout gris
cent mille chats gris
cachés dans la nuit

La neige neige lentement.

Claude Roy

13

Ce n'est pas parce qu'en hiver on dit : « Fermez la porte, il fait froid dehors », qu'il fait moins froid dehors quand la porte est fermée.

Pierre Dac

14

15

16

Marie et Madeleine, en tricotant leurs bas,
Pensent à leur maman et lui parlent tout bas.
Aussi comme à l'envi, dans cette symétrie,
Travaillent les deux sœurs, Madeleine
et Marie.

P.J. Stahl

17

18

19

Qu'est-ce que c'est ?
Cette chose, toutes choses dévore :
Oiseaux, bêtes, arbres, fleurs ;
Elle ronge le fer, mord l'acier ;
Réduit les dures pierres en poudre ;
Met à mort les rois, détruit les villes
Et rabat les hautes montagnes.
Le temps.

J.R.R. Tolkien.
Traduction de Francis Ledoux.

20

21

22

23

24

La nuit
On ne peut pas
Voir la nuit
Parce qu'il fait nuit
Paul Vincensini

J'entends
L'oiseau du temps
Qui loge
Dans l'horloge.
Jacques Charpentreau

25

26

27

28

29

30

31

LE PREMIER JOUR DE L'AN

Les sept jours frappent à la porte.
Chacun d'eux vous dit : Lève-toi !
Soufflant le chaud, soufflant le froid,
Soufflant des temps de toute sorte,
Quatre saisons et leur escorte
Se partagent les douze mois.
Au bout de l'an, le vieux portier
Ouvre toute grande la porte
Et d'une voix beaucoup plus forte
Crie à tous vents : Premier Janvier !

Pierre Menanteau

COMME LE TEMPS PASSE !

Sommes-nous encore le 31 décembre ? Sommes-nous déjà le 1er janvier ?

Comme le temps passe !

Heureusement, il y a des jours pour s'asseoir un peu au bord de la route et regarder le temps passer. Ce sont les fêtes, les nôtres, et les fêtes de ceux que nous aimons, les parents, la famille, les amis.

Des fêtes, des rencontres, des anniversaires.

Des points de repère sur la route de la vie.

Les jours s'en viennent, les jours s'en vont ; passent les semaines, les mois et les saisons. Passe le temps à petit bruit. Il s'en va. Je grandis.

Au ciel monte et descend le soleil chaque jour ; et tournent chaque nuit en éternel retour la lune et les étoiles à travers les espaces.

Avec les astres, comme le temps passe !

Heureusement, il y a des jours pour souffler un peu et regarder tourner le monde qui jamais ne s'arrête.

A chacun ses jours de fêtes. Chacun les inscrira dans son agenda.

A chacun ses étoiles, son soleil, ses sourires.

Et comme ces jours sont les plus beaux, ils sont marqués par des poèmes.

Des poèmes pour les jours qu'on aime.

Jacques Charpentreau

LES POÈTES DE L'AGENDA

Dans cet agenda, au fil des jours et des saisons, on trouve parfois des poèmes, parfois quelques vers extraits d'un texte plus long, parfois quelques phrases d'une longue histoire. Ces citations donnent envie de lire le reste du poème ou de l'histoire. Voici, pour les retrouver, tous les auteurs du livre et leurs poèmes.

1970.) - *«Mais si j'écris papa»*... (Extrait de *Pour mon papa)*, p. 115. *(La Cage aux grillons*. Bourrelier-Colin, 1954.)

Lewis Carroll (1832-1898), «Alice avait, non sans curiosité, regardé»... p. 44. *(Les Aventures d'Alice aux pays des merveilles*, 1865. Traduit par Henri Parisot. Aubier-Flammarion, 1970.) - «Je vous prendrai, certes, à mon service»... p. 113. *(De l'autre côté du miroir*, 1871. Traduit par Henri Parisot. *id.*, 1971.)

Blaise Cendrars (La Chaux-de-fonds, 1887 - Paris, 1961), «L'océan est d'un bleu noir»..., p. 84. *(Feuilles de routes*. Au Sans-Pareil, 1924. *Poésies complètes*. Gallimard, 1968.)

Jean-François Chabrun (Mayenne, 1920), Bonjour, p. 18. *(Les Chantiers chimériques*. Flammarion, 1970.)

Jacques Charpentreau (Les Sables-d'Olonne, 1928), «Et Lao-Tseu se demandait»..., (Extrait de *Lao-Tseu et le papillon)*, p. 70. *(Le Romancero populaire*. Editions ouvrières, 1974.) - La Chanson de la semaine, p. 78. (*id.)* - Comment appeler son chat, p. 88. (Adaptation de *The Naming of cats* de T.S. Eliot. *Old Possum's book of Practical cats*. Londres, Faber, 1939.) - «J'entends»... (Extrait de *La Tour de l'horloge à la Conciergerie)*, p. 124. *(Paris des enfants*. Ecole des Loisirs, 1978.)

Malcolm de Chazal (Vacoas, Ile Maurice, 1902), «Le bleu»..., p.33. *(Poèmes*. Pauvert, 1968.) - «L'eau dit à la vague»..., p. 102. *(Sens magique*. 1947.)

Andrée Chedid (Le Caire), La Vie en rose, p. 24. *(La Poésie comme elle s'écrit*. Editions ouvrières, 1979.)

Andrée Clair (Malakoff, 1916), «Les Cerises»..., p. 83 *(La Poésie comme elle s'écrit*. Editions ouvrières, 1979.)

Jean Cocteau (Maisons-Laffitte, 1889 - Milly-la-Forêt, 1963), «Et nous vîmes, debout, le soleil des voyages»... (Extrait de *Port)*, p. 76. *(Poésies*. Editions de la Sirène, 1920.)

Guy-Charles Cros (Paris, 1879-1956), «C'est la neige»... (Extrait de *Matin de décembre)*, p. 22. *(Avec des mots*. L'Artisan du livre, 1927.)

Pierre Dac (Châlons-sur-Marne, 1893 - Paris, 1975), «Le soir tombait»... p. 24 (Cité dans *Pierre Dac*, par Jacques Pessis, Seghers, 1977.) - «Ce n'est pas parce qu'en hiver»..., p. 122. *(Pensées*. Saint-Germain-des-Prés, 1972.)

René Daumal (Boulzicourt, Ardennes, 1908 - Paris, 1944), «La poule noire de la nuit»... (Extrait des *Quatre points cardinaux)*, p. 20. *(Poésie noire, Poésie blanche*. Recueil posthume, Gallimard, 1954.)

Luc Decaunes (Marseille, 1913), «A l'année nouvelle le printemps est là»... (Extrait), p. 11. *(Chansons pour un bichon*. Seghers, 1979.)

Lise Deharme (Paris), «Une plume est tombée»..., p. 114. *(Le Cœur de Pic.)*

Tristan Derême (Marmande, 1889 - Oloron-Sainte-Marie, 1941), Bonne année (Extrait), p. 8. *(Les Compliments en vers de Patachou*, Emile-Paul, 1931.)
Jean Desmeuzes (Sens, 1931), «Mon Mistigri, mon infidèle»... (Extrait de *Semonce à Mistigri)*, p. 91. *(La poésie comme elle s'écrit*. Editions ouvrières, 1979.)
Robert Desnos (Paris, 1900 - Camp de Terezin, Tchécoslovaquie, 1945), Bouquet, p. 63. *(Youki, 1930. Destinée arbitraire*. Gallimard, 1975.) - Le Papillon, p. 68. *(Chantefables et Chantefleurs*. Librairie Gründ, 1945.)
Thomas, Stearns Eliot (Saint-Louis, Etats-Unis, 1888 - Londres, 1965), Comment appeler son chat. Adaptation de *The Naming of cats* par Jacques Charpentreau, p. 88. *(Old Possum's book of Practical cats*. Londres, Faber, 1939.)
Paul Eluard (Saint-Denis, 1895 - Charenton-le-Pont, 1952), «Janvier un premier baiser»... (Extrait de *Notre année)*, p. 6. *(Le lit la table*. Genève, Edition des Trois collines, 1944. Gallimard.) - «Un rêve sans étoiles»..., p. 51. (Extraits des *152 proverbes mis au goût du jour*, en collaboration avec Benjamin Péret. La Révolution surréaliste, 1925. Gallimard.) -«La terre est bleue comme une orange»... (Extrait), p. 81. *(L'amour la poésie*. Gallimard 1929.)
Luc Estang (Paris, 1911), «Ma petite enfant c'est demain la veille»... p. 118. *(La Poésie comme elle s'écrit*. Editions ouvrières, 1979.)
Maurice Fombeure (Jardres, 1906), «La cloche de bronze»... (Extrait), p. 43. *(Dès potron-minet*. Seghers, 1952.)
Max-Pol Fouchet (Saint-Vincent-la-Hougue, 1913), «Une aile qui frôle»... (Extrait), p. 66. *(Demeure le secret*. Le Mercure de France, 1961.)
Théophile Gautier (Tarbes, 1811 - Paris, 1872), «Au seuil d'avril»... (Extrait de *Premier sourire de printemps)*, p. 36. *(Emaux et camées*. Eugène Didier, 1852.) - «Il chante d'une voix peu sûre»... (Extrait de *Fantaisies d'hiver)*, p. 210. *(id.)*
Jean Giono (Manosque, 1895-1970), «Il est revenu le grand printemps»... p. 42. *(Regain*. Grasset, 1930.)
Claire Goll (1891-1977), Compliment pour la fête de grand-père, p. 105. *(Education barbare.)*
Victor Hugo (Besançon, 1802 - Paris, 1885), «Puis les nuits»... (Extrait de *Le soleil s'est couché ce soir dans les nuées».... Soleils couchants*, 1829), p. 16. *(Les Feuilles d'automne*. E. Renduel, 1832.) - «Sculpteur de la grandeur fragile»... p. 20. *(Océan. Le tas de pierres*. Imprimerie nationale, 1942.) - A maman pour le jour de sa fête (1816), p. 31. *(id.)* - «Le nid que l'oiseau bâtit»... (Extrait de *Dans l'air. Chanson des oiseaux)*, p.64. *(La Fin de Satan*. Hetzel et Quantin,

1886.) - «Ecoute l'arbre et la feuille»... p. 65. *(Océan.* Imprimerie nationale, 1942.) - «J'admire les papillons frêles»... (Extraits de *Chelles).* p. 72. *(Chansons des rues et des bois.* Paris, Librairie internationale, 1865.) - Charade, p. 112. *(Vers de jeunesse (1815-1821). Océan.* Imprimerie nationale, 1942.)
Max Jacob (Quimper, 1876 - Camp de Drancy, 1944), «Je te donne pour ta fête» (Extrait de *Pour les enfants et pour les raffinés),* p. 28. *(Œuvres burlesques et mystiques de frère Matorel,* Kahnweiler, 1912, Gallimard.)
Tristan Klingsor (La Chapelle-au-Pot, Oise, 1874 - Paris, 1966), «Autour de la lune» (Extrait de *Mirages),* p. 22. *(L'oiseau sur l'épaule, Second florilège.* L'amitié par le livre, 1964.) - «Les luthiers du paradis»... (Extrait), p. 54. *(Le Valet de cœur.* Le Mercure de France, 1908.)
Daniel Lander (Paris, 1929), «Ce papillon est-ce une rose?»..., p. 71. *(La Poésie comme elle s'écrit.* Editions ouvières, 1979.)
Bernard Lorraine (Greux-Donrémy, 1933), «Averse en mars»... (Extrait de *Comptine des mois),* p. 26. *(La Poésie comme elle s'écrit.* Editions ouvrières, 1979.)
Stéphane Mallarmé (Paris, 1842-1898), «Voici la fleur que j'ai prise à»..., p. 60. *(Vers de circonstance.* Gallimard, 1920.) - Pour un anniversaire (1892), p. 65. *(Fêtes et anniversaires. id.)*
Jean Mambrino (Londres, 1923), «Au centre exact de la clairière»..., p. 70. *(Clairière.* Desclée de Brouwers, 1974. Repris dans *L'Oiseau-Cœur,* Stock, 1979.)
Pierre Menanteau (Le Boupère, 1895), Le premier jour de l'an, p. 126. *(A l'école du buisson.* Saint-Germain-des-Près, 1971.)
Jean-Luc Moreau (Tours, 1937), Nuit d'hiver (Extrait), p. 13. *(L'arbre perché.* Editions ouvrières, 1980) - La création (Titre original : *La Création),* p. 100. - «Par deux fois le roi Dagobert»... (Titre original : *Dagobert),* p. 103. *(id.)*
Vincent Muselli (Argentan, 1879 - Paris, 1956), «C'est ainsi, chaque jour, que tourne d'heure en heure»... (Extrait de *Stance V),* p. 50. *(Les Travaux et les jours.* Jean Bergue, 1914. *L'œuvre poétique,* Points et contrepoints, 1957.)
Gérard de Nerval (Paris, 1808-1855), «Le Papillon, fleur sans tige»... (Extrait de *Papillons),* p. 74. *(Petits châteaux de Bohême.* Le Mercure de France, 1830.)
Norge (Bruxelle, 1898), Au petit bonheur, p. 55. *(Eux les anges.* Flammarion, 1978.)
Charles d'Orléans (1394-1465), «Le Temps a laissé son manteau»... Rondel, p. 48. (Vers 1430.)
Catherine Paysan (Aulaines, 1926), «Le chat reptile aux yeux

d'amant»..., p. 93. *(La Poésie comme elle s'écrit.* Editions ouvrières, 1979.)
Benjamin Péret (Rezé-lès-Nantes, 1899 - Paris, 1959), Voir Eluard (Paul).
Pierre Perret Castelsarrasin, 1934), «Ouvrez, ouvrez la cage aux oiseaux !» (Extrait), p. 114. (Editions Adèle).
Yves Pinguilly, «brume»... (Extrait de *Novembre),* p. 106. *(Raconte-moi.* L'Ecole des loisirs, 1978.)
Gisèle Prassinos (Istanbul, 1920), «Ecoute l'avenir»... p. 10. *(La vie la voix.* Flammarion, 1971.) - «Ne dis pas que c'est la nuit»... (Extrait), p. 25. *(Le ciel et la terre se marient.* Editions ouvrières, 1979.)
Jacques Prévert (Neuilly, 1900 - Paris, 1977), «Quand la vie est un collier»... (Extrait), p. 5. *(Fatras.* Gallimard, 1966.) - «Le premier jour, Dieu n'a pas fermé l'œil de la nuit»... (Extrait de *Graffiti),* p. 21. *(Choses et autres.* Gallimard 1972.) - Le voyage malaisé, p. 35. *(id.)* - Chanson pour chanter à tue-tête et à cloche-pied, p. 108. *(Histoires.* Gallimard, 1963.)
Jules Renard (Châlons, 1864 - Paris, 1910), Le papillon, p. 73. *(Histoires naturelles,* 1896-1904. Flammarion.) - La fourmi et le perdreau, p. 98. *(id.)*
Madeleine Riffaud (1924), Nuit, p. 25. *(Cheval rouge.* Editeurs Français Réunis, 1973.)
Claude Roy (Paris, 1915), «Pour faire un très bel arc-en-ciel»... (Extrait de *Recette pour faire un arc-en-ciel),* p. 23. *(Nouvelles enfantasques.* Gallimard, 1978.) - Les manières du soleil, p. 85. *(id.)* - L'excès des petits noms d'amitié, p. 92. *(id.)* - Devine un peu la devinette, p. 121. *(id.)*
Pierre Seghers (Paris, 1906), Berceuse (Extrait de *Berceuse pour Virginie),* p. 34. *(Le Temps des merveilles.* Seghers, 1978.)
P.-J. Stahl (Chartres, 1814 - Paris, 1886), «Marie et Madeleine, en tricotant leurs bas»..., p. 122. *(Devinez l'alphabet.* Avec des bois gravés de Théophile Schuler, 1865. Edition moderne : Gallimard, Enfantimages, 1978.)
Jonathan Swift (Dublin, 1667-1745), «Enfermez toujours un chat»..., p. 32. *(Instructions aux domestiques.* 1745. Traduction d'Emile Pons. *Œuvres.* Gallimard, La Pléiade, 1965.)
Jean Tardieu (Saint-Germain-de-Joux, 1903), «Le printemps à plumets»... (Extrait d'*Etude en à majeur),* p. 15. *(Monsieur Monsieur.* Gallimard, 1951.) - Le Milliardaire, p. 101. *(id.)*
John Ronald Reuel Tolkien (Bloemfontein, Afrique du Sud, 1892 - Grande-Bretagne 1973). Qu'est-ce-que c'est? (Original sans

titre), p. 123. *Bilbo le Hobbit*. George Allen and Unwin Ltd, Londres, 1937. Traduction de Francis Ledoux.Stock, 1969.)

Paul Valéry (Sète, 1871 - Paris, 1945), «Ni vu ni connu»... (Extrait du *Sylphe)*, p. 62. *(Charmes*. Gallimard 1922.)

Jean-Louis Vanham (Belgique, 1937), Poisson d'avril, p. 38. *(Dans la lune*, 1974.)

Emile Verhaeren (Saint-Amand, Belgique, 1855 - Rouen, 1916), «Levez les gens, la barre en fer»... (Extrait des *Hôtes)*, p. 116. *(Les douze mois*. Le Mercure de France, 1895.)

Jules Verne (Nantes, 1828 - 1905). Une énigme, p. 41. Cette énigme a été proposée dans le journal *Le Musée des familles*, juillet 1851. (Cité dans : Jules Verne. *Textes oubliés*, recueillis par Francis Lacassin. 10/18, Union générale d'édition, 1979.)

Paul Vincensini (Bessans, 1930), «La nuit»..., p. 124. *(Pour un musée des amusettes*. L'Ecole des loisirs, 1977.)

Marguerite Yourcenar (Bruxelles) Voir Addée, p. 45.

BIOGRAPHIES

Pour expliquer la naissance de ce livre on peut dire de **Jacques Charpentreau :**
qu'il connaît bien la poésie et qu'il aime les enfants, ou bien :
qu'il aime la poésie et qu'il connaît bien les enfants, ou encore :
qu'il a été enfant comme tout le monde mais qu'il ne l'a pas oublié puisqu'il est resté poète,
ou, si on préfère :
qu'il a été poète comme tout le monde mais qu'il ne l'a pas oublié puisqu'il est resté enfant, enfin, bref, que la poésie et les enfants se donnent rendez-vous dans les livres de Jacques Charpentreau.

Anita Albus est née à Munich en 1942. Elle a étudié le dessin et l'illustration à Essen, avant d'illustrer des livres pour adultes et pour enfants. Le *Jardin aux chansons*, un recueil de vieilles comptines populaires qu'elle a mis en images, a connu un vif succès.

Monika Beisner est née à Hambourg en 1942. C'est à Berlin qu'elle a étudié la peinture. En 1966, elle obtient une bourse et part à Londres, à l'Ecole des Beaux-Arts. Puis elle part à New York où elle achève ses études. Désormais, installée à Londres, elle travaille pour l'Europe comme pour l'Amérique.

Almut Gernhardt, née en 1940 à Weimar, a étudié l'art graphique à Brême et à Berlin. Peintre et illustrateur, elle vit à Frankfort.

Arturo Heras, né en 1945, a étudié son art à l'Académie de Valence, en Espagne, où il vit toujours. C'est un artiste connu à Madrid, à New York et à Paris.

Guillermo Mordillo est né en 1932 à Buenos Aires, en Argentine. Son trait et son humour sont bien connus en France où il collabore à de nombreuses revues. De nombreuses récompenses ont couronné son talent. Travaille également pour le cinéma.

Wilhelm Schlote, un intellectuel, un universitaire. Né en 1946 à Kassel, il a étudié la philosophie, les lettres et la civilisation allemandes ainsi que les beaux-arts. Enseignant, il travaille aussi pour la télévision et collabore à différents journaux.

Walter Schmögner, né à Vienne, en 1943, où il a étudié l'art graphique, s'est fait connaître comme peintre et illustrateur. C'est un chercheur, un novateur.

Hannelore Stirnemann, née en 1940. Elle a étudié l'art à Berlin. Elle aussi cherche des formes nouvelles.

Olivier Villatte, le seul Français de cette liste. Né en 1949. Etudiant aux Beaux-Arts de Bayonne, il réside à Bordeaux.

Erna de Vries est née en 1937. Elle a étudié l'illustration à Kassel. Son premier livre a paru en 1972.

Hans Walther, né en 1940, a, lui aussi, étudié l'art de l'illustration et de la peinture à Berlin. Une bonne école d'inititation et de recherche.